AU ROY.

IRE,

LES Gardes du Corps de VÔTRE MAJESTÉ ne sont pas moins touchez que surpris d'avoir à soûtenir aujourd'huy contre les Gendarmes & Chevaulegers un de leurs droits les plus incontestables, & qu'ils ont toûjours regardé comme le plus honorable & le plus precieux.

Leur nom seul de Gardes du Corps de Vôtre Majesté, qu'ils ont eu l'honneur de porter dans tous les temps, ce nom qui leur est propre, qui les distingue de toutes les Troupes de vôtre Maison, & qui marque si precisement la nature & le caractere de leurs fonctions; la possession dans laquelle ils ont toûjours esté de ne partager avec personne ce service si glorieux & si cher; le serment qui les attache si religieusement à la garde de vôtre personne sacrée; leur creation; leur origine; leurs titres ; tout ce qu'ils ſont enfin leur aſſure ſi parfaitement cet avantage, qu'ils s'en reconnoîtroient indignes s'ils ne reſſentoient auſſi vivement qu'ils le font, de le voir, non pas devenir douteux, puiſqu'il ne peut jamais l'eſtre, mais tomber même en conteſtation.

L'honneur, SIRE, de veiller continuellement à la ſureté de la Perſonne Auguſte de Vôtre Majeſté, & l'obligation d'en répondre, eſt la gloire de vos Gardes. Que cette gloire ait flatté les Gendarmes & les Chevaulegers, on n'en eſt point ſurpris, elle eſt trop grande pour n'avoir pas reveillé leur ambition ; c'eſt par là que vos Gardes en ſont plus jaloux, & ne peuvent conſentir de la partager avec ceux mêmes, qui plus que tous autres pourroient y prétendre, ſi la diſtinction de leur courage & de leur valeur eſtoit un titre ſuffiſant pour établir une pareille prétention.

Ces motifs ſont les ſeuls qui ne leur ont pas permis d'entrer dans des voies d'accommodement & de conciliation. Le ſerment qu'ils ont fait entre les mains de Vôtre Majeſté pour la garde & la ſeureté de ſa Perſonne, leur impoſe la loy de ne rien admettre de tout ce qui pourroit alterer les prérogatives d'un ſervice ſi capital & ſi intereſſant, & leur delicateſſe ſeroit bleſſée qu'on pût les ſoupçonner de mettre en compromis, ou d'entrer en negociation ſur la moindre partie de ce qui peut toucher un depoſt ſi precieux.

La conteſtation dont vos Gardes ſe plaignent, SIRE, s'eſt élevée au voyage du Sacre de Vôtre Majeſté.

Les Officiers des Gendarmes & Chevaulegers diſputerent alors pour la premiere fois aux Officiers de vos Gardes le droit de marcher ſeuls à coſté des Portieres du Caroſſe de Vôtre Majeſté, & pretendirent occuper concurremment ce poſte avec eux, ſelon le rang qu'ils tiennent dans le ſervice, cedant neanmoins la premiere place au Capitaine des Gardes du Corps en quartier lorſqu'il s'y trouve pour la remplir.

L'affaire ne fut point alors decidée ; les Gardes ſont demeurez dans leur ancienne poſſeſſion. On a produit cependant differens Memoires ; & comme Vôtre Majeſté a declaré qu'Elle vouloit la juger dans ſon Conſeil de Depeſches avant ſon voyage de Fontainebleau, ils ont crû devoir raſſembler dans ce Memoire leurs principales raiſons.

Les Gendarmes & Chevaulegers, pour ſoûtenir leurs pretentions, avancent qu'ils ſont la Garde à cheval de nos Rois ; qu'eux ſeuls les accompagnoient dans les voyages & à l'armée ; que vos Gardes n'avoient de ſervice qu'à pied, & qu'ils n'alloient point autrefois à la guerre.

Nos Rois n'auroient-ils donc jamais eu de Gardes à cheval avant & juſques au regne de Loüis XIII ? les Gendarmes & Chevaulegers ne ſçauroient fixer eux-mêmes qu'à ce temps l'Epoque de leur creation.[a]

Celle de vos Gardes, SIRE, remonte juſqu'aux temps les plus reculez de nôtre Hiſtoire[b]. Les 24. Gardes de la Manche, qui ſont encore

[a] Les Chevaulegers paſſent pour plus anciens que les Gendarmes, cependant l'Edit qui leur accorde les privileges de Commenſaux n'eſt que de 1611.

[b] Sidonius Apollinaris Epiſt. 2. Rigordus. Gregor. Turon. lib. 7. cap. 8.

dans la premiere Compagnie des Gardes du Corps, suivant l'opinion de plusieurs Auteurs, sont du temps de S. Loüis. [c] D'autres prétendent que Charles V. institua la Compagnie Ecossoise.

Mais pour ne rien dire qui ne soit reconnu de tous nos Historiens, on ne peut s'empêcher de la placer au moins sous Charles VII. Ce Prince, en reconnoissance des services qu'il avoit reçû de cette Nation, choisit un certain nombre de gens d'une valeur & d'une fidelité reconnuës, pour en composer sa Garde ordinaire. La premiere Compagnie de vos Gardes en conserve encore le nom, & des distinctions qui luy sont particulieres.

P. Daniel, Histoire de la Milice Françoise, tome 2.

La seconde & la troisiéme ont esté établies par Loüis XI. l'une en 1475. & l'autre en 1479. Enfin la quatriéme doit son établissement à François I. en l'année 1515.

Ibid.

Si pour affoiblir l'idée que le Public a de vos Gardes, SIRE, on a cherché à insinuer qu'anciennement ils ne composoient point un corps de Milice, & qu'ils n'alloient à l'armée que pour y accompagner le Roy, il suffira pour toute réponse, & sans entrer dans une recherche trop exacte, de rapporter les témoignages de quelques Auteurs non suspects.

Philippe de Comines, l. 8. chap. 6. dans la relation qu'il fait de la bataille de Fornouë, dit: *Or il faut entendre que le Roy avoit mis tout son effort en son avant-garde, où pouvoit avoir 350. hommes d'Armes, & 3000. Suisses, ce qui estoit l'esperance de l'Ost, & fit le Roy mettre pied à terre avec eux 300. Archers de sa Garde... son arriere-garde estoit à la main dextre, & les 100. Archers Ecossois y étoient aussi, qui se mirent en la presse comme hommes d'armes.*

Phil. de Comines, page 340. & 341. de l'Edit. du Louvre in-fol. de 1649.

Dans les Memoires du Marechal de Fleuranges à l'occasion de la bataille d'Agnadel, il est dit: *Et avoit ledit Seigneur Roy, sans tout ce que dessus est dit, 800. chevaux de ses Gardes.*

Mem. de Fleuranges, Titre des Troupes que Loüis XII. mena avec luy lorsqu'il porta la guerre en Italie en 1509.

Dans le Recueil des Batailles memorables des François, il est dit sur celle d'Agnadel: *Le Marquis de Rothelin, & le grand Sénéchal de Normandie commandoient chacun 100. Gentilshommes de la Maison du Roy; les Seigneurs de la Chastre & de Crussol près Valence, chacun 200. Archers François de la Garde du Corps, Stuard les 100. Archers Ecossois, & les 25. de la Manche.*

Batailles memorables des François, pag. 351. de l'édit. in-12. de 1701.

c Joan. Limnœus. Notitia Regni Franc. l. 2. cap. 15. pag. 796. & 797.
And. Duchesne hist. d'Angl. liv. 13. pag. 650.
And. Favin Theat. d'Honneur, liv. 5. pag. 1069.
Cl. Malingre hist. Chronol. de plusieurs grands Capitaines, &c. de France, page 39. & suivantes.
F. Ranchin tom. 2. Description de l'Europe. Titre Royaume de France, pag. 59.
Mem. de Castelnau, liv. 1. pag. 3.
Du Haillan, pag. 508.
Pierre Mathieu, hist. de Loüis XI. pag. 503. & 504.
David Chambre hist. des Rois de France, d'Angl. & d'Ecosse.
Houston dans l'Ecosse Françoise.

Mem. de Fleuranges sur la bataille de Ravennes.

Dans les Memoires du Mareschal de Fleuranges, à l'occasion de la bataille de Ravennes, il est dit : *Et si le suivirent les 200. Archers de la Garde, qui portoient tous des haches, que menoit M. de Crussol, & vinrent donner dedans de telle sorte, que le Viceroy de Naples s'enfuit & toute leur Gendarmerie, & fut pris le Marquis de Pescaire, & autres Capitaines Espagnols, & ceux du Pape.*

Il est à remarquer que le Roy n'étoit point à cette bataille, que c'étoit Gaston de Foix, Duc de Nemours qui commandoit l'armée ; ce qui prouve que les Gardes-du-Corps dès les premiers tems de leur établissement, alloient à la guerre, quoique les Rois ne s'y trouvassent pas en personne.

Le nom d'Archer, qui depuis a esté avili, ne peut leur faire de tort ; la difference entre l'Homme d'armes & l'Archer à cheval, consistoit en ce que le premier estoit armé de pied en cap, au lieu que le second l'estoit à la legere, & portoit un arc, des fléches & des javelines.

Il est aisé de comprendre que le service que ces Gardes estoient obligez de faire auprès de la personne de nos Rois, soit à pied, soit à cheval, ne leur permettoit pas d'être armez de toutes pieces ; mais on ne doit pas supposer de-là que les Archers du corps, qui formoient la garde de nos Rois, fussent en rien inferieurs aux Hommes d'armes.

Limnœus. Favyn. Malingre.

Edit de Blois, art. 260. pag. 625. I. Tome du Recueil des Ordonn. par Neron éd. de 1720.

Code Henry page 687. tit. 40. de l'ordre que le Roy veut être tenu par le Capitaine de ses Gardes.

Le premier Homme d'armes attaché à la premiere Compagnie, & qui commandoit autrefois les 24. Gardes de la Manche en est la preuve. Henri III. aux Estats de Blois en 1576. *défend aux Capitaines de ses Gardes de reçevoir au nombre des Archers de leurs Compagnies, aucun qui ne soit Gentilhomme, Capitaine ou soldat signalé.* Henri IV. dans son Ordonnance de 1598. *défend pareillement ausdits Capitaines, d'enroller ou reçevoir doresnavant dans leursdites compagnies, que Gentilshommes de qualité requise & portée par l'institution desdites Gardes* : & l'on sçait assez que les Capitaines de ces compagnies ont toûjours esté distingués, & par leur naissance, & par leurs qualitez militaires [a].

[a] Capitaines Ecossois. David de Pitulo. Robert Stuatt Seigneur d'Aubigny. Bernard fils de Robert. Robert fils de Bernard. Jean de Stuard. Jacques de Hamilton, Comte d'Haran. Loüis de Stuard Duc de Lenox. Charl. Duc de Zocke. Jacques de Lorge de Montgommery. Gabriel de Lorge de Montgommery, fils de Jacques, &c. *Capitaines des Compagnies Françoises.* De Savigny.

Quoiqu'on eût pû se dispenser, par rapport à la prétention dont il s'agit, d'examiner si dans les premiers tems les Gardes du Corps alloient ou n'alloient pas à l'armée quand les Rois n'y estoient point en personne, ce qu'on vient de rapporter suffit sans entrer dans un plus grand détail.

On ne voit pas quel avantage les Gendarmes & Chevaulegers voudroient tirer de l'augmentation que le feu Roy fit dans ses Gardes, peu de tems après sa majorité ; la maniere dont on expose ce fait, en disant, que ce Prince résolut d'augmenter le nombre de ses Gardes, d'y établir la discipline militaire, & d'en faire un corps de troupes reglées, fait assez connoître que l'intention est de persuader qu'avant cette époque, les Gardes n'étoient qu'une troupe de representation, inutile à tout service de guerre.

On pardonneroit aiſément cette affectation à diminuer l'idée qu'on doit avoir des Gardes du Corps, ſi elle pouvoit être utile aux Gendarmes & aux Chevaulegers ; mais on ne voit pas ce qu'il en reſulteroit en leur faveur, ni comment on pourroit en conclure, que parce qu'alors les compagnies des Gardes n'eſtoient pas auſſi-bien diſciplinées, ni d'auſſi bonnes troupes de guerre qu'elles l'ont eſté depuis, les Officiers des Gendarmes & des Chevaulegers doivent occuper le premier poſte de la portiere du Roy, en l'abſence du Capitaine des Gardes du Corps en quartier.

Hervé de Chauvé. De Silly. Pluſieurs de la Maiſon de Cruſſol. De Nançay. Le Sénéchal d'Agenois. Chavigny. 3. de Meſſieurs de la Chaſtre, ſucceſſivement. De Loſſe. De Châteauvieux, &c.

Il ſeroit difficile de ne pas ſentir que tout ce qui a eſté dit dans les Memoires des Gendarmes & Chevaulegers, a moins eu pour objet la neceſſité de preuves pour appuyer leurs prétentions, que l'envie d'augmenter encore la bonne opinion qu'ils ſe ſont ſi juſtement acquiſe, ſans s'embaraſſer de le faire même aux dépens de ceux, qui dans toutes les occaſions ont tâché de la partager avec eux.

Pour renfermer la conteſtation dans ſon veritable objet, il s'agit uniquement, SIRE, d'examiner ce que c'eſt que vos Gardes, leurs devoirs, leurs obligations, leurs fonctions, leur ſervice ; ce que ſont les Gendarmes & les Chevaulegers ; montrer la difference du ſervice de guerre & de celui qui ſe fait auprès de la perſonne de Votre Majeſté ; quelle eſt la prétenduë poſſeſſion qu'on allegue, & quelles ſeroient les conſequences de la prétention des Gendarmes & Chevaulegers.

Par le ſeul nom de Gardes du Corps du Roy, on entend des gens de guerre, appellez & deſtinez à la plus noble & à la plus importante des fonctions, puiſqu'ils ſont chargez par leur état de veiller ſans ceſſe à la conſervation de la perſonne ſacrée de nos Rois ; cette raiſon ſeule décide en leur faveur du rang & de la préſeance ſur toutes les autres troupes.

Les Capitaines de vos Gardes, SIRE, prêtent ſerment entre les mains de Vôtre Majeſté, & ſont les ſeuls qui ont l'honneur de le prêter l'épée au côté. Nos Rois par cette diſtinction, ont fait connoître qu'ils ne confient la garde de leur perſonne qu'à des gens de guerre, auſquels on ne doit pas faire quitter des armes qu'ils conſacrent dans le moment même à la défenſe & à la ſûreté du Prince, auquel ils jurent fidelité, & devouent leurs ſervices & leur vie.

Dans le Serment des Capitaines des Gardes, il y eſt porté préciſément, de veiller ſoigneuſement à la ſureté de la perſonne de Sa Majeſté.

Le Capitaine des Gardes par le ſerment qu'il prête au Roy, lui répond non-ſeulement de ſa fidelité, mais auſſi de celle de toute ſa troupe ; & les Officiers & les Gardes du Corps par le ſerment qu'ils prêtent à leur Capitaine, lui garantiſſent la foi de celui qu'il à prêté pour eux à Sa Majeſté.

Serment des Gardes du Corps.

Les Gardes ne ſont pas ſeulement tenus par leur ſerment *de bien & fidelement ſervir le Roy, mais d'avertir leurs Capitaines & celui qui eſt en quartier, de tout ce qui peut ſe paſſer contre ſa Perſonne, ſon ſervice & ſon*

Etat : rien ne fait mieux voir quelle eſt l'importance de leurs devoirs & de leurs obligations.

Du Tillet p. 395. de l'édition in-4. de 1607.

Si on avoit conſulté du Tillet, on n'auroit pas avancé que l'uſage de prêter le ſerment entre les mains du Roy par les Capitaines des Gardes du Corps n'eſt pas fort ancien, cet Auteur dit en parlant des Sergens-d'Armes, *des autres étoit la Charge garder la chambre de nuit pour expoſer, ſi métier étoit, leur vie pour la garde dudit Seigneur Roy, & être prêts à ſon commandement tant à la guerre qu'ailleurs ; par-là eſt connu qu'ils tenoient le lieu des Archers de la Garde, les Capitaines deſquels n'ont ſerment qu'au Roy.*

Dans le moment du ſerment, le Roy remet entre les mains du Capitaine des Gardes le bâton pour marque eſſentielle du commandement & de l'autorité qu'il veut bien lui confier. On ſçait que ce bâton eſt commun avec pluſieurs autres Charges de la Maiſon du Roy ; mais outre que cette raiſon ne peut jamais être favorable aux Gendarmes & Chevaulegers, dont les Capitaines & Officiers n'ont pas droit de le porter ; il ſuffit que ce bâton, quoiqu'on en ait pû dire, ſoit dans les mains du Capitaine & des Officiers des Gardes en quartier une marque de la confiance & de l'autorité du Roy, qui les met en état d'executer ſur le champ tous ſes ordres, ſans qu'ils ayent même beſoin de prouver par écrit ceux dont ils peuvent être chargez.

En 1615. le Roy Loüis XIII. étant à Bourdeaux, envoya le Sieur de la Broſſe Enſeigne des Gardes du Roy, à Thonins pardevers le Duc de Rohan, le Marquis de la Force, & leurs Aſſociez, afin de ſçavoir d'eux pourquoy ils s'étoient armez.... Ils luy répondirent, que s'il leur faiſoit voir par écrit la charge qu'il avoit, ils luy feroient réponſe. A quoy il avoit repliqué, que ſa qualité d'Enſeigne des Gardes du Roy, l'autoriſoit pour porter ſes Commandemens où il étoit ordonné, ſans en faire apparoir par écrit.

Relation du Mercure François tom. 4. pages 282. 83. 84.

Le ſervice des Officiers en quartier conſiſte à veiller avec des Gardes ou ſans Gardes, à la ſeureté de la Perſonne du Roy, ſoit à pied, ſoit à cheval, ſoit dans ſes appartemens, ſoit dans les jardins & dans les dehors des Maiſons Royales. Ils ont l'honneur de marcher devant Sa Majeſté dès qu'Elle ſort, & ils l'attendent dans l'antichambre, à la porte de ſa chambre pour l'accompagner par tout où Elle va. On ne diſcutera point ici en détail tout le ſervice des Officiers des Gardes du Corps, il ſuffit de dire qu'il eſt tel qu'ils ſont par tout à la ſuite du Roy.

On voit, & on a toujours vû la troupe des Gardes du Corps attendre avec les caroſſes du Roy, ou s'éloigner ſuivant les occaſions par ordre de Sa Majeſté ; les Gardes ont leurs Officiers inferieurs qui marchent à leur tête. Mais les Officiers en quartier ſuivent toujours immediatement le Roy : ce qui prouve manifeſtement que leur ſervice eſt particulier, & qu'ils ne ſont point réputez de ſimples Officiers détachez pour commander une troupe, ſans laquelle ils n'ont plus de fonctions.

C'eſt par une ſuite neceſſaire de ce ſervice particulier, que le feu Roy dans ſon Reglement de 1678. ordonne, *que les Lieutenans & Enſeignes de ſes Gardes qui ſont en quartier joüiſſent par jour ſucceſſivement l'un après l'autre des avantages que leur donnent leurs Charges en l'abſence de leurs Capitaines dans les temps que leſdits Capitaines n'y peuvent pas être :* ce qui ne doit être entendu que du ſervice journalier & des abſences paſſageres & de peu de temps du Capitaine des Gardes du Corps en quartier : car si par maladie ou pour d'autres raisons indispensables, le Capitaine étoit obligé de s'absenter pour quelques jours, dans ce cas un autre Capitaine prendroit le bâton, & s'il n'y en avoit aucun, comme il est souvent arrivé pendant le Regne du feu Roy, que tous les Capitaines se trouvoient à la tête des Armées, alors le plus ancien Lieutenant en quartier prend la place du Capitaine, & remplit de droit toutes ses fonctions.

Mais ce qui fait sentir encore d'une maniere plus marquée la distinction de ce service particulier, est l'usage constamment observé dans toutes les revûës des troupes de vôtre Maison, dans lesquelles les Capitaines & Officiers des Gardes en quartier ne quittent jamais vôtre Personne, pour s'aller mettre à la tête de leurs troupes pendant que les Capitaines & Officiers même de quartier des Gendarmes & Chevaulegers, aussi bien que leurs détachemens vont joindre le gros de leurs Compagnies, & ne paroissent qu'à leur tête devant Vôtre Majesté, ce qui se pratique aussi à l'Armée & toutes les fois que les Cornettes s'assemblent, alors les Gendarmes & les Chevaulegers n'ont plus de quartier, cet usage a toujours été constamment suivi jusqu'au dernier voyage de Rheims, qu'on y a donné atteinte pour la premiere fois.

A l'armée même, & dans les occasions les plus importantes & les plus decisives, l'obligation de ne jamais quitter vôtre personne, SIRE, est telle de la part du Capitaine & des Officiers de vos Gardes en quartier, qu'ils ne pourroient même la quitter un moment pour aller à la tête de leur troupe, s'agist-il du salut de l'Etat ; & si par la necessité des conjonctures, Vôtre Majesté se trouvoit obligée de charger Elle-même, il n'est aucune troupe à la tête de laquelle vôtre Capitaine & vos Officiers de quartier ne fussent en droit de combattre auprès d'Elle, sans en excepter les Gendarmes & les Chevaulegers. Les Capitaines & les Officiers de ces Compagnies, parce qu'ils se nomment Gendarmes & Chevaulegers de la Garde, se flatteroient-ils d'avoir le même droit, si Vôtre Majesté nous faisoit l'honneur de charger à la tête de ses Gardes ? Il leur seroit plus difficile de l'obtenir de nous dans cette occasion que dans toute autre.

Tout ce que nous venons de representer, SIRE, à Vôtre Majesté sur les prérogatives de vos Gardes, n'est pas l'effet de la seule predilection de Loüis le Grand vôtre Auguste Bisayeul, comme les Gendarmes & les Chevaulegers ont voulu le persuader. Le souvenir de ses bontez nous sera toûjours precieux, profondément gravé dans nos cœurs, il ne s'en effacera jamais. Il aimoit ses Gardes, SIRE, & nôtre satisfaction la plus sensible est de sçavoir qu'il n'ignoroit pas à quel point ils luy étoient devoüez ; mais quelque grande que soit nôtre reconnoissance, nous ne craignons pas de le dire, & ce grand Prince l'autoriseroit, ce n'eſt pas à ſes bontez que nous devons l'être & les prerogatives de nôtre Etat; il a rétabli parmi nous l'ordre & la diſcipline, & par l'augmentation de nos Compagnies, nous ayant procuré l'avantage de ſervir aſſidûëment dans ſes Armées, il nous a rendus encore plus capables de repondre à l'étenduë de nôtre zele & de nos obligations pour le ſervice de ſa perſonne.

Quant à nos devoirs, nos droits, nos diſtinctions & nôtre ſervice, les Rois ſes Predeceſſeurs & vos ayeuls, SIRE, les avoient déja reglez. Nous voyons par l'Ordonnance de Henry IV. de 1598.

Code Henry, cy-deſſus.

Que l'établiſſement des Gardes eſtoit déſlors fort ancien, puiſque ce Prince commence par y rappeller *les Ordonnances déja faites par ſes Predeceſſeurs Rois pour le fait & établiſſement deſdits Gardes.*

Que leur devoir eſt de ſuivre *par tout le Roy tous en troupe & non à la file, le plus près de ſa perſonne que faire ſe pourra, comme ils avoient accoûtumé de faire du temps des feus Rois François I. & Henry II.* ne mettant d'exception à cette regle que *lorſque les Roynes & les Dames y ſeront.... qu'ils ſeront pourvus & montez ſur bons & forts chevaux, & qu'ils ſeront toûjours tant à pied qu'à cheval pour le moins 24. enſemble auprès de Sa Majeſté:* Que l'on y regle tout le detail de leur ſervice, tant pour la garde de la perſonne du Roy, que pour celle de ſon Palais.

Et qu'enfin on ne pouvoit recevoir dans ces Compagnies *que des perſonnes libres de tout engagement, conſacrées par un ſerment particulier, & Gentilshommes de qualité requiſe,* dont le Roy vouloit être informé par lui-même *avant que de les enrôller & faire ſervir.* Cette Ordonnance renferme les mêmes diſpoſitions contenuës dans celles de Henry III. de 1578. & de 1587. leſquelles rappellent pareillement celles des Rois ſes Predeceſſeurs.

Manuſcrit de la Bibliotheque du Roy.

C'eſt ainſi que les Rois regloient tout ce qui concerne le ſervice de leurs Gardes dans un temps où malgré la prétention des Gendarmes & Chevaulegers, qui ſe diſent Gardes à cheval de nos Rois, il ne ſçauroit être fait mention d'eux, puiſqu'ils n'exiſtoient point encore.

Ces deux Compagnies ne doivent en effet leur établiſſement qu'à Loüis XIII. Quelques-uns placent celuy des Chevaulegers ſur la fin du regne de Henry IV. ce fait eſt peu important à diſcuter, ce n'eſtoit dans l'origine que deux Compagnies d'Ordonnance, dont les Rois voulurent augmenter les troupes de leur Maiſon, auſquelles Loüis XIII. a depuis ajoûté la premiere Compagnie des Mouſquetaires, & Loüis XIV. la ſeconde: Mais dans leur creation nulle Ordonnance, nul Reglement, nul titre qui montre qu'ils ayent eſté deſtinez par nos Rois à la garde de leur perſonne, & ce deffaut de Titres peut-il ſe ſuppléer à l'égard d'une fonction de cette importance?

Les Gardes du Corps ont un ſerment precis, leur deſtination eſt expreſſement énoncée par les Ordonnances, elles preſcrivent leur ſervice

&

& la maniere dont les Rois veulent être gardez. Rien de semblable en faveur des Gendarmes & des Chevaulegers, leurs Capitaines ne prêtent leur serment qu'entre les mains d'un Mareschal de France ; les Gendarmes & Chevaulegers n'en prêtent point ; aucun des Gardes au contraire ne peut être reçû, suivant les Ordonnances, sans avoir prêté serment. Leurs Capitaines ont l'honneur de le prêter entre les mains de Vôtre Majesté : cette distinction ne marque-t'elle pas sensiblement, quelle est la difference des uns & des autres? Et si pour la faire perdre de vûë, les Gendarmes & Chevaulegers ont avancé qu'ils ont esté dispensez du serment, parce qu'ayant esté formez dans des temps plus tranquilles, cette précaution n'estoit pas necessaire ; pourquoy l'exige-t'on des Capitaines ? Se croiroit-on plus assuré de la Troupe que de ceux qui la commandent. ?

A l'égard du Service, les Gendarmes & Chevaulegers ont toûjours un détachement par quartier auprès du Roy ; on leur assigne pour leur logement un Village à portée du lieu où le Roy fait sa residence. Sous le dernier Regne celuy des Gendarmes estoit à Marly, & celuy des Chevaulegers à Chatou : ce n'est que depuis la Minorité que ces derniers ont jugé plus à propos de changer l'ancien usage, qui n'a souffert d'exception qu'à Fontainebleau, à cause de l'éloignement des lieux convenables pour les placer. Ils ont l'honneur de suivre le Roy dans les voyages ; ils occupent un poste suivant leur rang dans les Marches des grandes ceremonies ; ils ont un Gendarme & un Chevauleger d'Ordonnance le matin lorsque le Roy va à la Messe aussi bien que les Mousquetaires ; le soir ils ont l'honneur de recevoir du Roy le mot de l'ordre, ce sont des fonctions qui prouvent qu'ils ont un service;mais cela ne les fait pas plus Gardes du Corps du Roy que toutes les autres troupes de la Maison qui ont les mêmes prérogatives ; les Mousquetaires, les Cent Suisses, les Regimens des Gardes ont aussi bien qu'eux les mêmes honneurs, chacun suivant leurs services particuliers.

On ne veut donc point disputer aux Gendarmes & aux Chevaulegers de faire partie des troupes de la Maison du Roy, & de concourir même à la garde de Sa Majesté, lorsqu'ils se trouvent dans les voyages& dans les marches de ceremonie;c'est un avantage qui leur est commun avec les Mousquetaires & tous ceux qui composent la Maison.

Dans ces occasions les Gardes du Corps loin de le leur refuser, ne le disputeroient pas même à quelqu'autre troupe que ce fût, si la circonstance des temps obligeoit à augmenter le nombre des troupes qui devroient accompagner Sa Majesté. La Cavalerie, les Dragons, l'Infanterie; en un mot, tout ce qui seroit à la suite du Roy seroit réputé pour sa garde. Ainsi dans l'idée generale & étenduë qu'on se fait d'une troupe destinée pour accompagner & augmenter la seureté & la décoration de l'escorte, qui convient à la dignité Royale, les Gendarmes, les Chevaulegers & toutes les autres troupes de la Maison peuvent &

doivent se regarder comme faisant partie & contribuant à la garde de Sa majesté ; mais ce n'est pas-là cette garde particuliere à laquelle les Rois ont specialement confié la seureté de leur Personne, que les Gardes du Corps ne partagent avec aucune troupe, parce que nulle autre n'a été chargée d'y veiller si immediatement ni de si près qu'eux.

Enfin les Gendarmes & Chevaulegers n'entrent jamais dans la cour du Palais du Roy, lorsqu'ils sont commandez pour accompagner Sa Majesté, ils se sont toujours mis en bataille dans l'avant-cour derriere les Regimens des Gardes Françoises & Suisses, on ne les a jamais vû autrement, & l'on ne croit pas qu'ils eussent rien innové de contraire pendant le regne du feu Roy. C'est tout ce qu'il convient aux Gardes du Corps de dire sur cette matiere.

Si ce que nous venons de mettre sous les yeux de Vôtre Majesté, SIRE, fait sentir que la prétention des Gendarmes & Chevaulegers ne peut être fondée que sur les regles du service personnel, l'application qu'ils ont voulu faire des maximes de la discipline militaire ne leur sera pas plus favorable. Ne trouvant rien dans leur établissement qui puisse les autoriser, ils essayent de se fortifier par l'induction qu'ils tirent de ce qui se passe à l'Armée où le grade militaire décide du commandement.

A la guerre les Troupes de vôtre Maison, quelques distinctions & quelques prérogatives qu'elles ayent d'ailleurs, ne sont là que des Troupes soumises comme les autres aux regles & aux usages ordinaires : Leur unique objet s'y renferme dans le service militaire, c'est pour cela même que l'on envoye tous les jours une Ordonnance des Troupes de vôtre Maison chez le Commandant de la Cavalerie. Concluroit-on de là que les Colonel, Mestre de Camp ou Commissaire Generaux de la Cavalerie ayent quelque rapport à nous dans ce qui concerne le service que nous faisons auprès de la personne du Roy ?

Chaque troupe a son Commandant particulier, & lorsqu'il y a plusieurs troupes qui forment un seul corps, alors les loix de la guerre veulent que celui qui se trouve le plus constitué en grade en soit necessairement le Commandant.

Les troupes de vôtre Maison ne peuvent pas en cela être differentes de toutes les autres ; elles ont leurs Commandans particuliers ; mais lorsqu'elles sont rassemblées, ne formant qu'un seul corps, qu'on appelle même la Brigade de la Maison, il faut qu'elles soient sous les ordres d'un seul Commandant.

Il ne faut donc pas s'étonner que dans ces cas les Capitaines des Gendarmes, des Chevaulegers, ou des autres Compagnies qui la composent, puissent commander en l'absence de vos Capitaines des Gardes, qui sont toujours les premiers & qui commandent par préference. Nous reconnoissons même que les Capitaines Sous-lieutenans de vos Gendarmes auroient ce droit sur les Lieutenans de vos Gardes, à cause du titre de Capitaines qu'on leur a conservé dans leurs provisions.

Mais que pourroit-on en conclure? Nous convenons que toute troupe doit avoir son Commandant, & que lorsqu'il y en a plusieurs ensemble, ce corps doit être sous les ordres d'un seul ; celles de vôtre Maison qui se trouvent assemblées pour le service personnel de Vôtre Majesté doivent donc en avoir un.

Aussi l'ont-elles en effet ; qu'il nous soit permis de le dire, SIRE, c'est Vôtre Majesté, il n'y en eut jamais d'autre, & si ce principe avoit besoin de preuves, l'ordre constamment observé dans le service personnel suffiroit pour le démontrer.

Les Capitaines de vos Gardes qui commandent sans difficulté toute vôtre Maison, n'ont pas le droit, lorsqu'ils sont en quartier, de donner aucun ordre aux Gendarmes, aux Chevaulegers, ni à aucune des autres troupes : Comment se pourroit-il donc que les Officiers de ces corps pussent se trouver à portée de commander vos Gardes ; &, si comme il est constant, ils n'ont nul droit de les commander en aucun cas dans le service personnel, comment ont-ils pû former la prétention de marcher dans un rang & d'occuper un poste, dans lequel ils n'ont ni commandement ni troupes, sans lesquelles on sçait qu'ils n'ont aucun service auprès de Vôtre Majesté ?

De quelque maniere donc qu'on puisse envisager la prétention des Gendarmes & Chevaulegers, elle est également insoûtenable & dans les principes du service militaire, & dans ceux du service qui se fait auprès de vôtre personne.

Dans les principes du service militaire, on n'a jamais vû que dans une Brigade, un Colonel ou un Lieutenant-Colonel quittât son Escadron ou son Bataillon, pour aller se mettre à la tête de quelqu'un qui seroit d'un autre Regiment, & qui ne se trouveroit commandé que par un Capitaine ; le grade superieur ne donne pas ce droit, il n'y a que le Commandant seul qui puisse choisir la troupe à la tête de laquelle il juge à propos de marcher ou de combattre : il faudroit donc que les Officiers des Gendarmes & des Chevaulegers, pour être en droit de marcher suivant leur grade à la pottiere du carosse de Vôtre Majesté, prétendissent commander non-seulement à vos Gardes, à qui ce poste appartient de droit, mais encore à toutes les autres troupes de vôtre suite ; & dans ce cas, il n'y en pourroit jamais avoir qu'un seul à la fois, puisqu'il n'appartient qu'au Commandant de choisir le poste & la troupe où il lui convient de marcher ; & l'on croit que ce seroit faire injure aux Gendarmes & aux Chevaulegers de les soupçonner d'avoir eu une pareille idée.

Il faudroit aussi supposer, SIRE, que l'honneur qu'ont vos Capitaines des Gardes d'être dans le carosse de Vôtre Majesté, les dépoüille de leurs fonctions, qu'ils ne sont plus chargez de veiller à la seureté de vôtre personne, & que leur autorité passe en d'autres mains ; la distinction d'entrer dans vôtre carosse, quoique l'on en puisse dire, n'est pas nouvelle : on ne peut remonter pour en chercher la preuve au temps de Charles VII. mais il ne seroit pas impossible d'en trouver du Regne de Henry IV.

On ne voit pas quel usage les Gendarmes & les Chevaulegers peuvent faire du Reglement de 1665. Cette Ordonnance fixe les rangs de toutes les troupes de la Maison du Roy ; mais quelque soit l'obligation dont les Gardes se reconnoissent redevables à la memoire du feu Roy, ils ne peuvent s'empêcher de dire, que ce fut alors moins un effet de ses faveurs qu'un acte de justice, qui le porta à donner le premier rang à ses Gardes du Corps ; l'ancienneté de leur établissement, la préséance & la preéminence dont ils avoient toujours joüi dans le service actuel auprès de sa personne, tout décidoit en leur faveur, & le Roy fit moins cette Ordonnance pour leur accorder un rang qu'ils n'avoient pas, que pour prévenir toutes sortes de contestations.

Quoique l'on soit convenu que les Capitaines-Lieutenans des Gendarmes & Chevaulegers, même les Capitaines Sous-Lieutenans des Gendarmes ayent à l'Armée le droit de commander en l'absence des Capitaines des Gardes, il n'est pas inutile d'observer que cela n'est jamais encore arrivé, le feu Roy ayant toujours donné des Commissions aux Lieutenans de ses Gardes pour commander sa Maison, ce qui ne pouvoit être fondé que sur des raisons que sa prudence lui suggeroit.

Tout ce qu'on a rapporté au surplus sur ce qui s'est passé devant le Reglement de 1665. n'est soûtenu que sur des présomptions & sur une tradition fort incertaine & un peu suspecte ; mais de quelque maniere qu'ayent esté les choses avant cette époque, elles ont esté reglées définitivement pour lors, & l'on croit qu'un droit appuyé d'un titre aussi considerable, contre lequel on n'a jamais reclamé, & soûtenu d'une possession de près de 60. années sans interruption, est devenu une loi inébranlable & hors de toute atteinte.

A l'égard de la possession ; comment les Officiers des Gendarmes & des Chevaulegers peuvent-ils l'alleguer ? Ignorent-ils qu'une possession doit être appuyée ou sur des témoignages autentiques & non suspects, ou sur des preuves par écrit, qui en faisant voir un usage souvent pratiqué, puissent suppléer au défaut des titres de leur établissement, de leur distinction & de leurs fonctions ?

Les Gendarmes & Chevaulegers rapportent des Certificats d'Officiers qui ont servi dans ces Compagnies ; on sçait tous les égards personnels qu'on doit & qu'on rend à ceux qui les ont donnez ; mais outre que de pareilles pieces ne sçauroient jamais être admises, puisque l'on pourroit en opposer de semblables de la part des Gardes ; ces Certificats ne disent autre chose, que ce dont on convient de part & d'autre. En effet, SIRE, on ne dit point que les Officiers de ces Compagnies n'ayent quelquefois couru mêlez avec les Officiers de vos Gardes autour de vôtre carosse, ce n'est pas ce dont il est question : il s'agit de sçavoir, s'ils ont droit d'y être, d'y commander & d'y occuper le premier poste. C'est ce que les Officiers de vos Gardes ne peuvent s'empêcher de dire qui n'a jamais esté; ils ne tireront point la preuve de ces faits des Officiers qui ont servi dans leurs corps; ils osent, SIRE, citer la notorieté publique. Feuë Madame & feu Monsieur le Duc d'Orleans s'en expliquerent assez clairement à Rheims, les principaux Officiers de la Maison de Vôtre Majesté; tous ses domestiques; enfin, tout ce qui vit à la Cour & qui a esté témoin de ce qui s'est passé dans ces occasions, déposeront en leur faveur.

Auroit-on jamais pû croire que les marques de consideration & de déference que les Officiers de vos Gardes, SIRE, ont pû & ont dû rendre aux Capitaines des Gendarmes & Chevaulegers devinssent un jour le plus fort & l'unique moyen dont on se serviroit pour attaquer leurs droits les plus incontestables? Les a-t'on jamais vû abuser du prétexte de la garde de Vôtre Majesté, pour éloigner d'auprès d'Elle les personnes de sa Cour, qui par leur état & leur naissance sont en droit de s'en approcher? Ils étoient bien éloignez de penser qu'ils dussent ni se prévaloir de leurs fonctions, ni mesurer la politesse dont ils usoient envers les Officiers des Gendarmes & des Chevaulegers: c'est cependant l'unique fondement surquoi roulent toutes leurs prétentions.

Mais quelle que soit l'experience qu'ils en font aujourd'hui, ils ne se dispenseront jamais en conservant leurs droits, de ce qu'ils doivent d'ailleurs à la naissance, aux caracteres & aux dignitez.

A ces témoignages dont on vient de parler, SIRE, vos Gardes joignent des Reglemens précis en leur faveur, & on ne craint point de dire que les Gendarmes & Chevaulegers n'en produiront aucun. Ils étoient autrefois si persuadez qu'ils n'avoient pas la prérogative de marcher à la portiere, que lors qu'en 1645. le Gouverneur & les Prévôt des Marchands & Echevins de Paris, prétendirent devoir marcher à côté du carosse du Roy, dans les occasions où ils étoient obligez de l'accompagner; les Gardes du Corps s'y opposerent seuls, les Gendarmes ni les Chevaulegers n'entrerent en aucune maniere dans la contestation, parce qu'ils sçavoient qu'elle leur étoit étrangere; il est neanmoins bien clair qu'elle ne les auroit pas moins regardée que les Gardes du Corps, s'ils avoient eu un poste commun avec eux auprés de la personne du Roy.

On n'a pas jugé necessaire de rapporter ici, pour preuves de la possession des Gardes du Corps, tous les endroits du Ceremonial François, où il est parlé de leurs Postes, Fonctions & Prérogatives; ces citations auroient trop grossi ce Memoire: mais on peut voir tout ce qui concerne les Sacres, les Entrées, & toutes les autres grandes Ceremonies.

Le Reglement fait pour lors parle uniquement des Gardes du Corps, on a donc jugé qu'il n'y avoit qu'eux qui fussent interessez dans ce poste.

Ainsi, que les Gendarmes & Chevaulegers ne disent point qu'ils n'ont pas paru dans ce differend, parce que n'y ayant point eu de dispute entre les Gardes & eux, leur cause étoit commune, c'est chercher à éluder la difficulté; il faut avoüer de bonne foi, que s'ils sont demeurez alors dans le silence, c'est qu'ils n'avoient pas les mêmes idées qu'ils ont aujourd'hui. Perſonne ne penſera jamais que s'ils avoient eu le moindre interêt dans une pareille occaſion, ils n'euſſent pas fait des démarches pour que le Reglement qui devoit intervenir fût rendu commun entre les Gardes du Corps & eux.

Cette prétention que le Reglement de 1645. avoit condamné par avance, l'a encore eſté depuis par celui de 1679. à l'occaſion de l'arrivée de la Reine d'Eſpagne à Fontainebleau. L'ordre de la marche à ſon départ de Paris fut reglé par le feu Roy en ces termes : *Les deux Compagnies des Mouſquetaires & les Chevaulegers faiſant l'avant-garde, leurs Officiers à la tête de leur troupe, M. le Duc de Luxembourg Capitaine en quartier à la portiere de la droite, à celle de la gauche les Officiers des Gardes du Corps, cent Gardes du Corps derriere le caroſſe, les Gendarmes derriere eux, leurs Officiers à leur tête*, & ce Reglement a eſté autentiquement renouvellé par l'Ordonnance que le Roy a rendu le 17. Février 1723. au ſujet de la marche de ſes Troupes, pour la declaration de ſa majorité au Lit de Juſtice : il eſt ſuprenant, qu'après des Reglemens ſi ſolemnels, il puiſſe reſter le moindre doute ſur le droit des Officiers des Gardes du Corps.

Auroit-on pû s'attendre, SIRE, que ce Reglement eût paru favorable aux Gendarmes & aux Chevaulegers ? C'eſt pourtant ce qu'ils avancent dans leur dernier Memoire : pour en juger il ne faut qu'en rapporter les termes. *Six Trompettes, quatre Chevaulegers, le caroſſe du Roy, les Valets de pied, autour & derriere, les Ecuyers du Roy à cheval, les Officiers des Gardes du Corps de quartier, le quartier des Gendarmes, les Officiers à la tête.*

On demande, s'il n'eſt pas décidé par là que les Officiers des Gendarmes doivent marcher à la tête de leur troupe, & ſi par les termes, *autour & derriere le caroſſe*, la portiere n'y eſt pas compriſe ; & s'il eſt permis de s'imaginer que ce poſte ne fût confié qu'à la garde des ſeuls Valets de pied, à l'excluſion des Gardes du Corps de Vôtre Majeſté : l'objection qu'ils font auſſi ſur le Reglement de 1679. eſt de la même force ; ils ſe contentent de dire qu'il ne paroît pas exact. Qu'ils en montrent un ſeul en leur faveur, on leur paſſera le défaut d'exactitude ?

Enfin, SIRE, les differens cas où les Gendarmes & Chevaulegers peuvent ſe trouver auprès de Vôtre Majeſté, ne ſont pas infinis. Dans le Service journalier ils n'ont aucune fonction ; dans les grandes ceremonies ils marchent ſans difficulté, & de leur propre aveu, à la tête de leurs Troupes. A l'Armée ils ne peuvent diſconvenir, que lorſque Vôtre Majeſté y eſt en perſonne, ils y ayent jamais eu d'autre Service que celuy que ces Compagnies y font dans les Troupes de Sa Maiſon. Il n'y a donc que les voyages pour leſquels il faudroit établir de nouvelles regles, & un uſage different de tout ce qui s'eſt jamais pratiqué.

On ne peut ſe perſuader, SIRE, que les Gendarmes & les Chevaulegers ayent ſenti la conſequence de la propoſition qui leur eſt échapée, de dire qu'ils ſont contens de demeurer à la tête de leurs Troupes, pourvû que les Officiers de vos Gardes en usent de même.

Quoique l'on ait déja prouvé que vos Officiers des Gardes sont en droit de marcher auprès de Vôtre Majesté, & de la garder sans qu'ils ayent besoin de troupes, il paroist qu'une raison superieure suffit pour toute réponse, c'est qu'il s'ensuivroit de là que Vôtre Majesté n'auroit personne à sa portiere, & autour d'Elle pour la garder.

Il ne nous reste plus, SIRE, qu'à representer à Vôtre Majesté, quelles seroient les suites inévitables, & les inconveniens qui naîtroient de la prétention des Gendarmes & des Chevaulegers, s'il estoit possible qu'elle eust jamais lieu.

Les Mousquetaires prétendroient la même distinction, & le même poste concurremment avec eux, ils sont tous également aux mêmes droits.

On verroit donc, SIRE, vôtre carosse environné des Officiers de Gendarmes, de Chevaulegers & de Mousquetaires, qui abandonnant leurs troupes, dont les unes ont l'avant-garde, & les autres l'arriere-garde dans l'ordre de la marche, les laisseroient sans Officiers & sans Commandans, pour venir se ranger à un poste, & occuper une place dans laquelle ils n'obeïroient point à vôtre Capitaine des Gardes, qui auroit l'honneur de se trouver dans vôtre carosse; parce qu'il a celuy de répondre de vôtre Personne, & dans laquelle ils ne seroient point obeïs par vos Gardes, ni par leurs Officiers, dont cependant le poste a toûjours esté d'entourer ce même carosse.

Il suffit d'envisager une disposition aussi extraordinaire, pour decider de toute la contestation. Des troupes sans Officiers, des Officiers qui ne sont rien sans leurs troupes, des gens qui ne reconnoissent point celuy qui est chargé expressement & immediatement de la garde de la Personne de Vôtre Majesté, qui n'ont ni droit ni autorité de commander à ceux qui se trouveroient mêlez & confondus avec eux: tout cela, SIRE, est si contraire aux Regles de la Discipline Militaire, & aux Usages qui se sont pratiquez dans tous les temps, par rapport au Service qui s'est fait auprès de la Personne de Vôtre Majesté, que ce seroit abuser de sa patience que d'en rien dire de plus.

Le succès cependant d'une pareille prétention en feroit naître une infinité d'autres. La Compagnie des Gendarmes Ecossois, qui a le pas sur les Mousquetaires pour monter la garde chez Vôtre Majesté lorsqu'elle est à l'Armée, ne pourroit-elle pas quelque jour saisir une occasion favorable pour tâcher de persuader qu'elle est fondée à demander les mêmes prerogatives? Et si l'on admettoit une fois que le Grade ou la Dignité pussent donner indifferemment le commandement & le droit de garder la Personne de Vôtre Majesté, ainsi que l'avancent les Gendarmes & Chevaulegers, la même Regle & les mêmes Principes sur lesquels on auroit decidé en leur faveur, lorsqu'ils accompagnent le Roy dans ses voyages, ne decideroient-ils pas pour le Colonel des Gardes qui a le Bâton de Commandement, & qui est toute l'année en Service ; pour le Capitaine des cent Suisses, lorsque Vôtre Majesté est dans son Palais, par préference aux Lieutenans de vos Gardes, malgré la possession, les Reglemens du feu Roy, & l'Ordonnance de Henry IV. qui leur sont également favorables, & qui ont fixé leurs Services ?

Enfin, SIRE, ce seroit donner lieu à la confusion & au desordre ; on ne verroit plus que divisions, que prétentions & que disputes entre personnes dont l'unique objet doit être le Service de Vôtre Majesté, & dans l'embarras de ces contestations, Vôtre Majesté trouveroit bientost la regularité de son Service personnel alterée, & sentiroit la difficulté d'apporter des remedes convenables aux abus, qui seroient la suite inevitable de tous ces inconveniens.

C'est pour les prevenir, SIRE, que le feu Roy vôtre Auguste Bisayeul avoit reglé si parfaitement tous les differens Services des Troupes destinées à sa garde ; qu'il avoit marqué la distinction de celuy qu'elles feroient à l'Armée ou auprès de sa Personne : Aussi peut-on dire, que pendant tout le cours de son Regne, il n'y a pas eu de contestation, ou que s'il a pû se former quelque difficulté, ce ne furent jamais de nouvelles prétentions qu'on ait eu à combattre, mais plûtost de simples interpretations, & de justes éclaircissemens de ses volontez respectables.

Tout est donc favorable à vos Gardes, SIRE, leur établissement, leur destination, la nature de leur Service, leur possession, les Ordonnances de nos Rois, les principes même du Service Militaire, qui bien loin d'établir la prétention des Gendarmes & des Chevaulegers, la detruisent & decident pour Nous.

Nôtre ancienneté fondée sur les monumens les plus autentiques de nôtre Histoire, n'avoit pas même besoin de preuves. Peut on supposer que nos Rois n'ayent pas toûjours eu des Gardes pour veiller à la sureté de leur Personne ?

Ce nom, que nous avons seuls l'honneur de porter, SIRE, nous assure donc une ancienneté superieure à celle de toutes les Troupes de vôtre Royaume : comme il détermine nôtre Service, il regle nos postes ; & pour juger si quelqu'autre a le droit d'occuper celuy qu'il nous donne, il s'agit uniquement de sçavoir, s'il est ou n'est pas Garde de Vôtre Corps. Nous ne disputerons point, SIRE, aux Troupes de vôtre Maison tous les autres avantages, nous les partagerons avec elles. Nous demandons, SIRE, de ne pas perdre le nom de vos Gardes ; que ce nom ne devienne pas un vain titre, en rendant nos fonctions communes avec tous ceux qui composent vôtre Maison. Nôtre zele pour le service de Vôtre Majesté, ne sçauroit nous permettre de penser qu'Elle voulût nous obliger jamais à les partager avec personne.

De l'Imprimerie de Jean-Baptiste Delespine, Imprimeur ordinaire du Roy. 1724.

www.ingramcontent.com/pod-product-compliance
Lightning Source LLC
LaVergne TN
LVHW050514160826
845677LV00003B/1129

* 9 7 8 2 3 2 9 6 3 2 3 9 1 *